ICH SCHREIBE MEINE BÜCHER MITHILFE KÜNSTLICHER INTELLIGENZ UND VERÖFFENTLICHE SIE ÜBER AMAZON

– und ich zeige dir, wie es funktioniert und worauf du achten musst. Der Weg dorthin ist jedoch steinig.

1 Kapitel: Meine bisherigen Bücher

Ich schreibe seit weit über zehn Jahren Bücher und versuche, sie über Amazon zu verkaufen. Damals begann Amazon mit der Möglichkeit, kostenlos ein E-Book zu erstellen und zu vermarkten – eine Revolution für unabhängige Autoren.

Es gab unzählige Ratgeber darüber, wie man ein erfolgreiches E-Book auf den Markt bringt. Technische Anleitungen gab es wie Sand am Meer, doch der eigentliche Erfolg blieb für viele Autoren dennoch eine Herausforderung.

Dann erweiterte Amazon sein Angebot und gab Autoren die Möglichkeit, ihre Bücher nicht nur als E-Book, sondern auch als Hardcover und Taschenbuch zu veröffentlichen. Eine großartige Entwicklung, die es Schriftstellern erleichtert, ihre Werke physisch in den Händen zu halten – und das nahezu kostenlos.

Ich erinnere mich noch genau an die Zeit, als ich mein erstes Buch veröffentlichen wollte:

„Im Paradies durch Staub und Schlamm: Meine eigene erlebte unglaubliche Geschichte einer neuen Geschäftsidee in Kroatien."

Es war im April 2014, und voller Hoffnung suchte ich nach einem Verlag, der mein Werk drucken würde. Doch schnell wurde mir klar, dass der Weg dorthin steinig war. Unzählige Anfragen blieben unbeantwortet, während sich zwielichtige Anbieter meldeten – Verlage, die weniger an meinem Buch als an meinem Geld interessiert waren.

Am Ende blieb ich bei Amazon. Warum? Weil ich dort nicht in Vorkasse treten muss, um ein Printbuch zu veröffentlichen. Der Kunde bezahlt sein Exemplar erst bei der Bestellung, und Amazon druckt und versendet es – selbst, wenn nur ein einziges Exemplar bestellt wird. Diese Freiheit hat mir ermöglicht, meine Geschichten zu teilen, ohne mich finanziell zu ruinieren.

2. Kapitel: Das Lektorat

Und jetzt wird es richtig spannend.

Nicht jedem ist es in die Wiege gelegt, perfekt zu schreiben. Die Ideen sind oft da, doch an der fehlerfreien Schreibweise und dem richtigen Lesefluss hapert es. Doch genau das macht den

Unterschied zwischen einem durchschnittlichen Buch und einer Geschichte, die den Leser so fesselt, dass er das Buch nicht mehr aus der Hand legen kann.

Hier kommt das Lektorat ins Spiel – der entscheidende Schritt, um aus einer guten Idee ein großartiges Buch zu machen.

Und genau das kann man bei Amazon leider nicht kaufen. Hier muss sich jeder Autor selbst behelfen.

Bei meinem oben erwähnten ersten Buch wandte ich mich an Freunde und Bekannte, die mir vielleicht helfen konnten. Eine ehemalige Lehrerin erklärte sich bereit, mein Manuskript zu korrigieren, und so konnten zahlreiche Rechtschreibfehler ausgebessert werden.

Doch damit war das Problem nicht gelöst. Denn ein fehlerfreier Text bedeutet noch lange nicht, dass er auch gut zu lesen ist. Der Lesefluss fehlte, der Stil wirkte holprig – und genau das spiegelte sich später in den Bewertungen wider. Mein Buch schaffte es nie über vier Sterne hinaus.

Ich hatte einfach noch zu viele Fehler gemacht. Zudem schrieb ich oft in meinem eigenen Dialekt, was den Lesern nicht immer gefiel. Eine harte Lektion, aber eine, die mich als Autor wachsen ließ.

Im Laufe der Jahre wandte ich mich schließlich auch an professionelle Lektoren. Ich suchte jemanden, der mein Buch in eine flüssige, spannende Geschichte verwandeln konnte – ohne die Handlung zu verfälschen.

Angebote bekam ich einige, doch die Preise waren schockierend. Manche Lektoren verlangten 5 bis 10 Euro pro bearbeiteter DIN-A4-Seite. Das war eine Summe, die ich einfach nicht bezahlen konnte – und auch nicht wollte.

So änderte ich an meinem ersten Buch jahrelang nichts. Der Verkauf lief ohnehin nicht besonders gut. Ein paar Exemplare gingen über den Ladentisch, doch schon bald verschwand mein Werk im riesigen Amazon-Keller, wo unzählige Bücher verstauben und vergessen werden.

Mit meinem zweiten Buch im Jahr 2018

*„Soldatenzug – Gedanken zur
ewigen Flucht – 1945 bis heute"*

hatte ich mehr Glück. Diesmal war das Manuskript kürzer, und ich entschied mich, einen Lektor zu engagieren – empfohlen von einer anderen Autorin, die bereits erfolgreich ein Buch veröffentlicht hatte.

Dieser Mann übernahm nicht nur das Lektorat für dieses Werk, sondern auch für zwei weitere meiner Bücher:

*„Diagnose Darmkrebs und
der wunderschöne Sommer –
Autobiographische Aufzeichnungen
von Klaus Schubert"*

*„Und plötzlich waren sie
nicht mehr da"*

Jedes Mal zahlte ich ihm 300 Euro pro Buch. Die Texte waren danach zwar frei von Rechtschreibfehlern, doch eines fiel mir auf: Der Lesefluss hatte sich nicht spürbar verbessert, der Stil blieb unverändert.

Trotzdem war es ein Fortschritt. Doch dann kam das plötzliche Ende – aus persönlichen Gründen konnte mein Lektor keine weiteren Aufträge mehr annehmen. Wieder einmal stand ich vor der Frage: Wie bringe ich meine Bücher auf ein professionelles Niveau, ohne mich finanziell zu ruinieren?

Mein Buch „Soldatenzug – Gedanken zur ewigen Flucht – 1945 bis heute"

wurde in unserer regionalen Tageszeitung vorgestellt und verkaufte sich einige Hundert Male – ein Erfolg, den ich so nicht erwartet hatte. Doch die Bücher, die ich danach veröffentlichte, erreichten längst nicht mehr diese Verkaufszahlen.

Frustriert legte ich das Schreiben für einige Jahre auf Eis. Ich hatte das Gefühl, mich als Autor nicht mehr wirklich verwirklichen zu können.

Erst 2024 entschied ich mich, mein erstes Buch

„Im Paradies durch Staub und Schlamm: Meine eigene erlebte unglaubliche Geschichte einer neuen Geschäftsidee in Kroatien"

noch einmal anzupacken.

Durch einen Zufall traf ich eine alte Bekannte wieder – sie stellte sich als freie Lektorin vor und bot mir an, mein Buch für einen symbolischen Betrag auf ein professionelles Niveau zu bringen. Ich willigte ein, voller Hoffnung, dass mein Werk endlich den Schliff bekommen würde, den es brauchte.

Es ging alles sehr schnell. Wir sprachen sogar über eine neue Buchidee, an der sie ebenfalls mitarbeiten wollte. Doch dann bekam ich mein überarbeitetes Manuskript zurück – und schlug die Hände über dem Kopf zusammen.

Wieder einmal hatte ich Geld aus dem Fenster geworfen.

3. Kapitel: Chat GPT

Dann begann ich zu recherchieren. Ich hatte schon einmal von Künstlicher Intelligenz gehört, aber wirklich beschäftigt hatte ich mich damit nie. Doch jetzt wollte ich es genau wissen.

Im Internet stieß ich auf eine Webseite, die erklärte, dass es möglich sei, mit einer KI ein komplettes Buch zu erschaffen. Das klang fast zu gut, um wahr zu sein – aber ich wollte es ausprobieren.

Und siehe da: Mein erstes Werk mit Hilfe einer KI entstand.

„Zurück nach Naila ins Jahr 1944"

Wurde auch zu einem echten Verkaufsrenner.

Zum ersten Mal hatte ich es geschafft, meine Gedanken und Ideen so zu formulieren, dass sie nicht nur frei von Rechtschreibfehlern waren, sondern auch einen klaren Stil und eine gute Lesbarkeit besaßen. Die Künstliche Intelligenz machte genau das, woran es mir all die Jahre zuvor mangelte – und das Ergebnis sprach für sich.

Ich hatte eine neue Möglichkeit gefunden, meine Geschichten auf ein völlig neues Level zu heben.

4. Kapitel: Wie schreibe ich Bücher mit Chat GPT – und worauf muss man achten?

Bevor wir loslegen, möchte ich einen weitverbreiteten Denkfehler über Künstliche Intelligenz aufklären.

Eine KI kann dir helfen, ein gutes Buch zu schreiben – aber sie nimmt dir die kreative Arbeit nicht ab. Du musst sie mit deinen Gedanken, deiner Geschichte und deinen Ideen füttern. Ohne eigene Vorstellungen wird dir kein überzeugendes Buch gelingen.

Natürlich könnte eine KI ein Buch auch komplett eigenständig schreiben. Doch in diesem Fall wäre sie der eigentliche Autor – und genau das will ich nicht. Ich habe meine Geschichten im Kopf, meine Erlebnisse, meine Visionen. Die KI ist für mich ein Werkzeug, ein Helfer, der mir dabei hilft, meine Ideen klar und lesbar aufs Papier zu bringen.

Der Unterschied ist entscheidend: Die KI ist nicht der Schöpfer – ich bin es.

Das sollte immer klar bleiben: Die Geschichte kommt von mir – die KI hilft nur bei der Umsetzung.

Wenn du selbst eine eigene Story schreiben möchtest, werde ich dir nun genau erklären, wie ich dabei vorgehe.

Wer keine eigenen Ideen hat, sollte besser keine Bücher schreiben – das führt zu nichts. Bestenfalls entsteht daraus ein seelenloses KI-Buch.

1) Bleib bei der KI Chat GPT und sichere dir ein Open AI-Abo

Um das volle Potenzial von Chat GPT zu nutzen, empfehle ich dir, ein monatliches Abo bei Open AI abzuschließen. Das kostet nicht die Welt und kann jederzeit gekündigt werden. Ich zahle derzeit rund 23,50 Euro pro Monat – und dafür kann ich die KI auf mehreren PCs und Laptops nutzen.

Doch Chat GPT kann noch viel mehr, als nur beim Schreiben von Büchern zu helfen. Es unterstützt dich auch dabei, E-Mails professionell zu formulieren, Texte zu verbessern oder Ideen zu strukturieren. Und das ist erst der Anfang.

2) Nutze zusätzlich DALL-E für Bildgenerierung

Wenn du ein Abo hast für Chat GPT, erhältst du auch Zugang zu DALL·E – einer weiteren revolutionären KI-Technologie von Open AI.

DALL·E (stilisiert als DALL·E) und seine Nachfolger DALL·E 2 sowie DALL·E 3 sind leistungsstarke Programme, die mithilfe von maschinellem Lernen Bilder aus Textbeschreibungen generieren können.

Stell dir vor, du könntest das Cover deines eigenen Buches erstellen lassen – einfach, indem du es der KI beschreibst. Mit wenigen Eingaben kannst du hochwertige Illustrationen, Charakterbilder oder sogar Konzeptskizzen erschaffen, die deine Geschichte visuell zum Leben erwecken.

Und das Beste daran? Es ist kinderleicht.

3) Das richtige Werkzeug – ein Buch schreibt man nicht auf dem Handy!

Wenn du nun Chat GPT hast und deine Buchidee im Kopf, dann mache nicht den Fehler, dein Manuskript auf einem Handy schreiben zu wollen. Das ist ein sicherer Weg in den Wahnsinn!

Wie in jedem Beruf gehört auch beim Schreiben das richtige Handwerkszeug dazu. Ein Buch zu erschaffen, ist eine anspruchsvolle Aufgabe – und dafür brauchst du die passenden Arbeitsmittel.

Deshalb solltest du einen PC oder zumindest einen Laptop nutzen. Ein großer Bildschirm, eine echte Tastatur und eine stabile Arbeitsumgebung sind unverzichtbar, wenn du dein Buch professionell aufbauen willst.

Womit schreibe ich meine Bücher?

Ich nutze dafür Open Office – ein kostenloses Schreibprogramm, das du einfach im Internet herunterladen kannst. Es ist kompatibel mit Microsoft Works und bietet alle Funktionen, die du brauchst, um dein Manuskript strukturiert zu verfassen.

Egal, für welches Schreibprogramm du dich entscheidest – wichtig ist, dass du eine Umgebung hast, in der du konzentriert arbeiten kannst. Denn eine gute Geschichte braucht Raum, um zu wachsen.

5. Kapitel: Jetzt geht es los – dein Buch nimmt Gestalt an

Wer eine Geschichte im Kopf hat, kann jetzt loslegen. Doch jeder Autor arbeitet ein wenig anders.

Ich persönlich beginne mit dem Buchtitel, schreibe sofort das erste Kapitel und arbeite mich dann Kapitel für Kapitel voran. Andere bevorzugen es, erst eine Kapitelübersicht zu erstellen und dann jedes Kapitel einzeln auszuarbeiten. Beides ist möglich – wichtig ist, dass du den Weg findest, der für dich am besten funktioniert.

Wie arbeite ich mit der KI?

Sobald ich mit dem Schreiben beginne, verfasse ich die ersten 5–10 Sätze, kopiere meinen Text und gebe ihn dann an die KI weiter. So kann sie meinen Stil verfeinern, die Lesbarkeit verbessern und gegebenenfalls Vorschläge machen.

Um effizient zu arbeiten, habe ich auf meinem Bildschirm mein Schreibprogramm auf der linken Seite geöffnet, während die KI auf der rechten Seite läuft. So kann ich direkt mit den Überarbeitungen arbeiten, ohne aus dem Schreibfluss zu geraten.

Mit dieser Methode lassen sich Ideen schnell strukturieren und Texte flüssig und ansprechend gestalten – ohne dass der persönliche Stil verloren geht.

Die richtige Anweisung für die KI – so nutzt du sie optimal

Bedenke immer: Jedes Mal, wenn du die KI öffnest, musst du ihr klare Anweisungen geben, in welche Richtung dein Text überarbeitet werden soll.

Mein Standardbefehl lautet:

„Bitte nachfolgende Texte auf Stil und Lesbarkeit überarbeiten, mit Dramatik und Gefühl. Texte nicht kürzen."

Doch natürlich kannst du den Stil anpassen, je nachdem, was für ein Buch du schreibst. Wenn du eine humorvolle Geschichte verfassen willst, kannst du beispielsweise den Befehl „mit Pfiff" eingeben – und du wirst überrascht sein, welche witzigen Wendungen dabei herauskommen!

Schritt für Schritt mit der KI arbeiten

1. Schreibe 5–10 zusammenhängende Sätze in deinem Schreibprogramm.

2. Kopiere den Text und füge ihn in das Eingabefeld der KI ein.

3. Drücke auf den unteren rechten Eingabebutton, um die Überarbeitung zu starten.

4. Die KI überarbeitet deinen Text – nun musst du ihn

sorgfältig durchlesen.

5. Wenn dir die neue Version gefällt, ersetze den alten Text in deinem Schreibprogramm durch den überarbeiteten Text.

Und so arbeitest du dich Stück für Stück weiter durch dein Manuskript.

Warum das Durchlesen so wichtig ist

Die KI erkennt zwar den Zusammenhang deiner Geschichte, aber auch sie ist nicht unfehlbar. Deshalb ist es entscheidend, dass du jeden überarbeiteten Abschnitt genau prüfst. Nur so kannst du sicherstellen, dass dein Buch nicht nur gut lesbar ist, sondern auch deinen persönlichen Stil und deine Intention bewahrt.

Mit der richtigen Anleitung kann dir die KI eine enorme Hilfe sein – aber am Ende bleibt es immer dein Buch, deine Geschichte, deine Handschrift.

Vergiss niemals das Speichern!

Egal, wie fesselnd das Schreiben ist – vergiss niemals, deine Arbeit regelmäßig zu speichern!

Lege mehrere Speicherorte an:

USB-Sticks

Externe Festplatten

Cloud-Speicher

Es gibt nichts Schlimmeres, als nach stundenlangem Schreiben plötzlich festzustellen, dass dein Text verloren gegangen ist. Ein

Stromausfall reicht aus – und alles, was nicht gespeichert wurde, ist unwiederbringlich weg.

Sichere dein Manuskript regelmäßig – am besten alle 10 Minuten nach jeder Überarbeitung.

Warum kurze Abschnitte mit der KI besser funktionieren?

Noch ein wichtiger Punkt: Die KI ist (noch) nicht in der Lage, ein ganzes Buch in einem Rutsch sinnvoll zu überarbeiten.

Ich habe es ausprobiert – es funktioniert einfach nicht.

Deshalb arbeite ich mit Abschnitten von 5–10 Zeilen, denn so kann ich meinen Text Schritt für Schritt kontrollieren und gezielt verbessern. Längere Texte führen oft dazu, dass wichtige Details verloren gehen oder der Zusammenhang leidet.

Außerdem bleibt so dein Buch unter deiner Kontrolle – und genau das ist das Wichtigste. Die KI soll dir helfen, aber du bist der Autor.

Der letzte Schritt – bevor dein Buch veröffentlicht wird

Ist dein Werk nach Tagen, vielleicht sogar Wochen, endlich fertig, gibt es noch einen entscheidenden Punkt: Lies es dir unbedingt noch einmal vollständig durch!

Niemals ein ungelesenes Werk veröffentlichen!

Fehler schleichen sich immer ein – selbst mit KI-Unterstützung. Ein sorgfältiges Korrekturlesen kann den Unterschied zwischen einem professionellen Buch und einem hastig zusammengestellten Manuskript ausmachen.

Die Buchbeschreibung – der Schlüssel zum Erfolg

Neben dem eigentlichen Buch brauchst du eine starke Buchbeschreibung, die potenzielle Leser neugierig macht. Auch hier kann dir die KI eine wertvolle Hilfe sein.

Ich habe es bereits ausprobiert: Ich fragte die KI, ob sie aus meinem Buchtitel eine ansprechende Buchbeschreibung erstellen könnte – und es hat hervorragend funktioniert!

Tipp: Falls dir die erste Beschreibung nicht gefällt, lass die KI verschiedene Versionen erstellen und wähle die beste aus.

Das Buchcover – das Aushängeschild deines Werks

Ein gutes Cover ist entscheidend für den Erfolg deines Buches. Wenn du ein passendes Bild von der KI generieren lassen möchtest, kannst du sie mit folgendem Satz darum bitten:

„Bitte erstelle mir ein Bild von …" (hier deine gewünschte Szene oder das Thema einfügen).

Die KI kann erstaunlich realistische oder künstlerische Bilder erschaffen – genau nach deinen Vorgaben. Nutze diese Möglichkeit, um dein Buch visuell ansprechend zu gestalten!

Für die Gestaltung meiner Buchcover nutze ich zusätzlich das Programm Photo Direktor – eines der führenden Fotobearbeitungsprogramme, mit dem sich atemberaubende Bilder erschaffen lassen. Es bietet eine Vielzahl an leistungsstarken Funktionen wie den Glitch-Effekt, KI-gestützte Optimierungen und sogar Animationen.

Ein KI-generiertes Cover allein reicht jedoch nicht aus – der Buchtitel und der Name des Autors müssen perfekt ins Bild integriert werden. Und genau hier zeigt Photo Direktor seine Stärken. Während KI-Tools dabei oft noch Schwierigkeiten haben – mal erscheint der Titel zu klein, mal wird er direkt ins Bild geschrieben, wo er nicht hingehört –, bietet dieses Programm präzise Kontrolle über jedes Detail.

Das Beste an einem KI-generierten Buchcover? Es gehört ganz allein dir. Da das Bild von der KI erschaffen wurde, unterliegt es keinem bestehenden Urheberrecht – es ist einzigartig und völlig frei nutzbar. Eine perfekte Kombination aus kreativer Freiheit und technischer Präzision.

Achtung beim Buchschreiben!

Die KI arbeitet nach einem festen Kodex – und dieser setzt klare Grenzen. Sie darf nicht alles bearbeiten, nicht alles generieren. Wer hofft, mit einer KI ungefiltert jede erdenkliche Szene auf Papier zu bringen, wird schnell enttäuscht.

Gewalt? Zensiert.

Explizite Darstellungen? Verboten.

Pornografie? Keine Chance.

Egal, ob es um brutale Szenarien geht oder um Inhalte, die als anstößig gelten könnten – die KI greift ein. Sie verweigert die Bearbeitung, blockiert bestimmte Themen und sorgt dafür, dass ihre ethischen Richtlinien eingehalten werden.

Für Autoren bedeutet das: Kreativität ist gefragt. Wer Geschichten schreiben will, die über das „Erlaubte" hinausgehen, wird um eine klassische, manuelle Herangehensweise nicht herumkommen. Die KI mag ein starkes Werkzeug sein, aber sie setzt auch klare Grenzen.

Wie geht es weiter?

Jetzt kannst du mit den kostenlosen Werkzeugen von Amazon weiterarbeiten, um dein Buch zu perfektionieren. Ich selbst wandle meinen Text zunächst in ein Word-Format um und importiere ihn anschließend in Kindle Create – das Buchbearbeitungsprogramm von Amazon.

Dort gestalte ich das Layout, optimiere das Leseerlebnis und bereite alles für die Veröffentlichung vor. Sobald das Manuskript bereit ist, lade ich es auf meine Amazon-Webseite hoch – über Amazon Kindle Direct Publishing (KDP) unter kdp.amazon.com.

Ein einfacher, aber effektiver Weg, um ein Buch professionell aufzubereiten und es einem weltweiten Publikum zugänglich zu machen.

6. Kapitel: Was du jetzt noch alles erleben wirst – Die Vermarktung deines Buches

Das Schreiben mit Hilfe einer KI steckt noch in den Kinderschuhen – genau wie das E-Book vor über zehn Jahren, als es erstmals den Markt revolutionierte. Die Möglichkeiten wachsen rasant, doch genauso gibt es Fallstricke, die man kennen sollte.

Vermeide bitte folgende Fehler – aus Erfahrung gelernt:

Beim Hochladen deines Buches über Amazon KDP musst du angeben, in welchem Umfang du KI zur Erstellung oder Bearbeitung genutzt hast. Das ist völlig in Ordnung – Amazon möchte sich lediglich einen besseren Überblick verschaffen. Sei hier ehrlich und genau, um spätere Probleme zu vermeiden.

Melde dein Buch bei KDP Select an, wenn du von kostenlosen Werbeaktionen profitieren möchtest. Amazon bietet dir dann einmal alle 90 Tage die Möglichkeit, dein E-Book für eine begrenzte Zeit kostenlos oder zu einem reduzierten Preis anzubieten. Das kann helfen, dein Buch bekannt zu machen. Aber es bleibt deine Entscheidung, ob du dieses Marketing-Tool nutzt oder dein E-Book regulär verkaufen möchtest.

Veröffentliche dein Buch direkt über Amazon KDP und nicht über andere Anbieter. Natürlich bedeutet das, dass dein Buch nicht im stationären Buchhandel erhältlich sein wird – aber dafür benötigst du keinerlei Kapital für die Erstellung und Veröffentlichung. Kein finanzielles Risiko, keine versteckten Kosten – und mit der richtigen Strategie kann dein Buch eine große Leserschaft erreichen.

Nutze die Chancen, die Amazon KDP bietet, aber informiere dich vorher über die besten Strategien. Mit Geduld, Kreativität und dem richtigen Marketing kann dein Buch erfolgreich werden!

Lass dich auf keinen Fall von windigen Versprechungen täuschen! Gerade jetzt tauchen vermehrt Anbieter auf – vor allem auf Plattformen wie Facebook –, die behaupten, sie könnten dich mithilfe einer KI bei Amazon zum Bestseller-Autor machen. Sie locken mit hohen Tantiemen und angeblichen Erfolgsgarantien. Doch die Wahrheit ist: Sie wollen nur dein Geld.

Alles, was du wirklich brauchst, um mit KI und Amazon KDP erfolgreich zu sein, findest du in diesem Buch. Es gibt keine Geheimformel, keinen magischen Trick – nur Wissen, das du dir selbst aneignen kannst. Und genau das macht den Unterschied: Du kannst das alles alleine schaffen.

Lass dich nicht von falschen Versprechen blenden. Nutze die richtigen Werkzeuge, setze dein Wissen klug ein, und du wirst deinen eigenen Weg gehen – ohne unnötig Geld für fragwürdige Dienste zu verschwenden.

Sei äußerst vorsichtig mit Büchergruppen auf Facebook und

anderen sozialen Medien. Zwar kannst du dort dein Buch vorstellen, aber die Realität sieht oft düster aus. In diesen Gruppen tummeln sich nicht nur Gleichgesinnte, sondern auch Menschen, die dir das Leben schwer machen können: verkorkste Lektoren, missgünstige Neider und zwielichtige Gestalten, die nur darauf aus sind, dir das Geld aus der Tasche zu ziehen.

Ich habe es selbst erlebt – es gibt Leute, die es sich zur Aufgabe gemacht haben, andere niederzumachen. Besonders einige Lektoren in diesen Gruppen gehen auf die Jagd nach Autoren, die auch nur den Hauch einer KI-Bearbeitung in ihren Büchern verwenden. Sie zerfleischen dich förmlich, als hätte man eine Todsünde begangen.

Doch lass dir eines klarmachen: Die Bearbeitung eines Buches mit KI ist weder strafbar noch von Amazon verboten! Die Wahrheit ist: Viele dieser Lektoren fürchten um ihre Zukunft. Die Zeiten, in denen sie Autoren mit hohen Preisen abzocken konnten, schwinden, denn KI nimmt ihnen zunehmend die Kunden weg.

Bleib wachsam. Setze auf dein eigenes Können. Lass dich nicht von negativen Menschen entmutigen, sondern gehe deinen Weg – mit oder ohne KI!

Ich habe es selbst erlebt – bei meinem letzten Werk:

„Plötzlich war alles im Osten Blau:
Was uns die alten Prophezeiungen
über unsere Zukunft vorhersagen.“

Die Reaktionen darauf haben mir deutlich gezeigt, mit welchen Widerständen man als Autor heute rechnen muss. Es gibt Leute, denen passen weder mein Schreibstil noch die Thematik einer starken blauen Partei. Sofort wird die Nazi-Keule geschwungen.

Und wenn sie damit nicht weiterkommen? Dann ziehen sie die nächste Karte: KI geht gar nicht! Der Autor ist KI! Das ist ja gar kein richtiges Buch!

Diese Art der Angriffe ist bezeichnend – es geht längst nicht mehr um den Inhalt oder die Qualität eines Werkes, sondern darum, unliebsame Autoren mundtot zu machen. Schade, dass man gegen solche Leute kaum eine Handhabe hat, denn eigentlich gehören sie zur Verantwortung gezogen. Schließlich gilt immer noch Meinungsfreiheit in unserem Land!

Mein Buch

„Plötzlich war alles im Osten Blau: Was uns die alten Prophezeiungen über unsere Zukunft vorhersagen.“

erzählt eine frei erfundene Geschichte, inspiriert von den Prophezeiungen von Alois Irlmaier. Es ist meine Idee, meine Story – verfeinert mit den Möglichkeiten moderner KI Technik.

Doch viele Menschen sind nicht in der Lage – oder nicht bereit –, den Unterschied zwischen einem 100 % KI-generierten Werk und einer von einem Autor geschriebenen Geschichte mit KI-gestützter Verbesserung zu erkennen.

Bleib auf der Hut! In der heutigen Zeit geht es weniger um das geschriebene Wort als darum, wer es geschrieben hat. Lass dich davon nicht einschüchtern.

Und dann gibt es da noch eine andere leidige Sache bei Amazon: die Bewertungen.

Mein Buch

„Zurück nach Naila ins Jahr 1944"

wurde nicht nur über die regionale Presse, sondern sogar von einem Rundfunksender besprochen. Die Resonanz war großartig. Auch in der Facebook-Gruppe meiner Heimatstadt habe ich es vorgestellt – das brachte mir viele Leser und jede Menge positives Feedback.

Schau dir meine Amazon-Bewertungen bei diesem Buch an. Du siehst viele Sterne, zufriedene Leser, echte Begeisterung. Und dann passiert das, was jedem Autor irgendwann begegnet: Der eine KI Hasser gibt nur einen Stern.

> *Ein selbsternannter KI-Gegner, der nur darauf wartet, ein Buch wie meines zu zerreißen. Ein einziger Stern. Kein konstruktives Feedback, keine echte Kritik – einfach nur ein gezielter Angriff, um das Gesamtergebnis nach unten zu reißen.*

Das ist die traurige Realität: Bei Amazon kann jeder bewerten – selbst diejenigen, die nur eine kostenlose Leseprobe heruntergeladen haben. Sie müssen dein Buch nicht einmal gekauft oder gelesen haben, um dir eine schlechte Bewertung zu geben. Und genau das nutzen manche aus, um Autoren regelrecht fertigzumachen.

Das ist schade, ja. Aber es zeigt auch, wie groß die Angst vor neuen Wegen ist. Wer sich traut, anders zu schreiben, mit KI zu arbeiten oder unkonventionelle Themen aufzugreifen, macht sich automatisch zur Zielscheibe. Doch wahre Leser lassen sich davon nicht abschrecken – sie erkennen Qualität, unabhängig von den lautesten Stimmen.

7. Kapitel: Wie bringe ich nun

mein Buch nach vorne?

Und genau hier kommt der schwierigste Teil – und der, bei dem ich dir leider nicht allzu viel helfen kann. Alles hat eine Kehrseite.

Amazon bietet dir eine großartige, kostenlose Plattform, um dein Buch zu erstellen und es zu verkaufen. Doch wenn es um die Vermarktung geht, wirst du schnell merken: Amazon tut hier nicht viel für dich. Die Sichtbarkeit deines Buches hängt von Algorithmen ab, von Verkäufen, von Bewertungen – und die Konkurrenz ist riesig.

Bücher zu schreiben ist wieder voll im Trend! Das bedeutet aber auch, dass du dich aktiv um deine Leser kümmern musst. Die besten Werbemittel waren und sind nach wie vor:

Ein Bericht in einer Lokalzeitung.

Das bringt dir nicht nur Leser aus deiner Region, sondern gibt deinem Buch auch eine gewisse Glaubwürdigkeit.

Mund-zu-Mund-Propaganda. Dein Familien- und Freundeskreis kann ein entscheidender Multiplikator sein. Begeisterte Leser erzählen weiter – das ist unbezahlbare Werbung.

Alles andere? Das musst du selbst herausfinden. Jeder Autor muss seinen eigenen Weg gehen, seine eigene Strategie entwickeln. Social Media, Blogbeiträge, Lesungen, gezielte Werbeanzeigen – es gibt unzählige Möglichkeiten. Doch was wirklich funktioniert, hängt von deinem Buch, deinem Publikum und deiner Ausdauer ab.

Finde heraus, was für dich funktioniert – und bleib dran!

Kapitel 8: Meine Buchvorstellungen

Übrigens habe ich alle meine bisherigen Bücher noch einmal mit Hilfe der KI überarbeitet – für mehr Präzision, besseren Stil und eine noch stärkere Wirkung. Falls du Lust hast, würde es mich freuen, wenn du einmal in das ein oder andere Werk hineinschaust.

In diesem Kapitel stelle ich dir meine Hauptwerke vor, jeweils mit einer kurzen Buchbeschreibung. Jedes dieser Bücher ist ein Stück meiner Gedankenwelt, meiner Leidenschaft fürs Schreiben und meiner Faszination für spannende Geschichten.

Lass dich inspirieren – vielleicht findest du hier genau das Buch, das dich fesselt!

Zurück nach Naila ins Jahr 1944

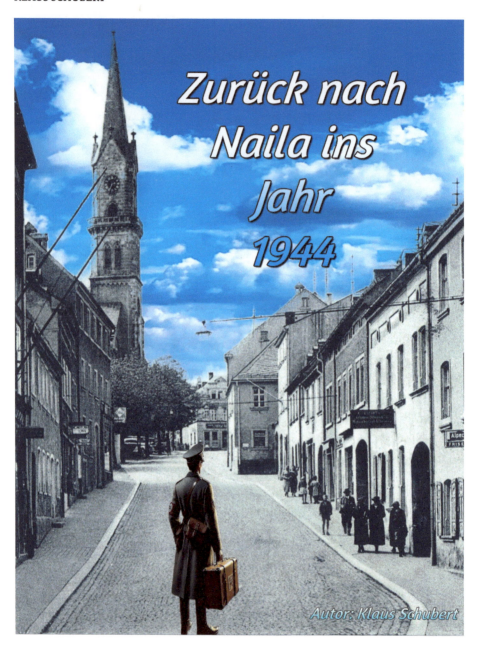

Buchbeschreibung:

Ein Moment der Normalität – dann der Sturz in ein dunkles

Kapitel der Geschichte.

"Zurück nach Naila ins Jahr 1944" erzählt die ergreifende Geschichte eines Mannes, der unvermittelt aus seiner modernen Welt gerissen wird und sich inmitten der Schrecken des Zweiten Weltkriegs wiederfindet.

Nach einer sorglosen Sommernacht im Jahr 2024 erwacht er in einer kalten, bedrohlichen Realität: dem Jahr 1944. Barfuß und ohne Schutz irrt er durch einen stillen Nadelwald, während die dröhnenden Schreie der Vergangenheit ihn einholen. Naila, einst seine vertraute Heimat, ist jetzt ein Ort des Misstrauens, der Angst und der allgegenwärtigen Macht der Nationalsozialisten.

In einem Moment verzweifelter Not findet er ein Kleidungsstück, das sein Schicksal für immer verändert: eine SS-Veterinär-Uniform. Der Zufall zwingt ihn, diese Uniform zu stehlen – und zu tragen. Sie wird sein Schutzschild, eine Maske, die ihn vor dem Argwohn und der tödlichen Gefahr dieser Zeit bewahrt. Doch der Preis dafür ist hoch. Jeder Blick in den Spiegel lässt ihn die Last dieser Tarnung spüren: Sie ist eine Rettung und zugleich eine Last, ein Symbol des Leids, das sie verkörpert, und ein stummer Vorwurf an seine eigene Moral.

Tag für Tag bewegt er sich am Abgrund, gefangen zwischen der Notwendigkeit, zu überleben, und dem Gewicht der Schuld, die an ihm zerrt. Die dröhnenden Motoren der Flugzeuge über ihm, die sirrenden Sirenen in der Ferne und die lauernden Blicke der Menschen um ihn herum machen ihm eine schmerzliche Wahrheit bewusst: Die Vergangenheit ist ein Ort, an dem ein Mann aus der Zukunft nur schwer überleben kann – doch eine Rückkehr scheint unmöglich.

Angetrieben von einem unerschütterlichen Überlebenswillen und der Hoffnung, einen Weg zurückzufinden, kämpft er sich durch die finstere Realität des Krieges. Sein Ziel ist klar: Antworten zu finden und diesem Albtraum zu entkommen, bevor er ihn vollständig verschlingt.

"Zurück nach Naila ins Jahr 1944"ist mehr als ein Roman über Zeit und Raum – es ist eine emotionale Reise an die Grenzen der Menschlichkeit. Es ist die Geschichte eines Mannes, der gezwungen wird, alles zu opfern, um zu überleben, und der doch jeden Tag ein Stück von sich selbst verliert. Kann er der SS-Uniform eines Tages entkommen? Und wird er je den Schatten abwerfen können, den sie über sein Leben wirft?

Ein packender Roman, der tief in die Abgründe von Krieg, Schuld und Moral eintaucht – und gleichzeitig die unzerstörbare Kraft der Hoffnung feiert.

*Die zweite Zeitreise ins Jahr 1945:
„Der Versuch, seine Freunde zu
finden, während er den dunklen
Machenschaften der Werwölfe
auf die Spur kommt. „*

Buchbeschreibung

Zurück in seiner vertrauten Heimat und in seiner eigenen Zeit steht der Zeitreisende vor quälenden Fragen: War alles nur ein Traum – oder doch grausame Realität? Zweifel nagen an seinem Verstand, doch ein unübersehbares Detail lässt keinen Raum für Illusionen: Die Hakenkreuzbinde. Sie ist real, greifbar – und existiert im Jahr 2024. Kein Hirngespinst, sondern ein Relikt aus einer dunklen, längst vergangenen Epoche.

Doch das Leben in der Gegenwart bringt neue Konflikte. Seine Ehefrau reagiert mit Wut und Unverständnis:

„Wie kann man über Nacht einfach seine Goldketten verlieren?"

Ihre Worte treffen ihn tief. Sie glaubt nicht an seine unfreiwillige Reise durch die Zeit, und langsam beginnt auch er, an seinem eigenen Verstand zu zweifeln. Hat er sich das alles nur eingebildet?

Von Schuldgefühlen und den bohrenden Vorwürfen seiner Frau getrieben, begibt er sich auf die verzweifelte Suche nach Beweisen für seine „angebliche" Reise ins Jahr 1944. Doch die Grenzen zwischen Realität und Wahnsinn beginnen zu verschwimmen, und die Einsamkeit lastet schwer auf ihm.

Dann passiert es erneut: Die Hakenkreuzbinde – dieses unheilvolle Bindeglied zwischen den Zeiten – reißt ihn wieder in die Vergangenheit. Diesmal weiß er, was ihn erwartet, und versucht, sich besser vorzubereiten. Doch eine bange Frage bleibt: Wird er jemals wieder in seine eigene Zeit zurückkehren? Oder ist er gefangen in einer unbarmherzigen Zeitschleife?

Sein Weg führt ihn in die unmittelbare Nachkriegszeit seiner Heimat, eine Welt im Chaos, gezeichnet von Zerstörung und Hoffnungslosigkeit. Er sucht die Menschen, die er bei seiner ersten Reise kennengelernt hat, und stellt sich erneut unvorstellbaren Gefahren. Doch diesmal fehlt ihm ein entscheidender Schutz: die SS-Veterinär-Uniform, die ihn zuvor vor Verdacht bewahrte.

Das Buch zeichnet ein eindringliches Bild der Nachkriegszeit, beginnend mit dem Einmarsch der Amerikaner am 14. April 1945 in Naila und Hof. Es erzählt von den Reisen durch ein Deutschland, das teilweise noch unter nationalsozialistischer Kontrolle steht, und den Gräueltaten der Nazis gegenüber den Besatzungsmächten.

Es ist eine Geschichte von der Zerbrechlichkeit der Zeit, von menschlichen Abgründen und der unstillbaren Sehnsucht nach Antworten – und nach einer Rückkehr in ein Leben, das vielleicht für immer verloren ist.

Plötzlich war alles im Osten Blau:
Was uns die alten Prophezeiungen
über unsere Zukunft vorhersagen.

Buchbeschreibung:

In meinem neuen Buch entwerfe ich ein Szenario, das längst nicht mehr undenkbar ist – eine politische Wende, so radikal und unerwartet, dass sie alles auf den Kopf stellt. Alte Prophezeiungen, einst als bloße Warnungen abgetan, beginnen sich unaufhaltsam zu erfüllen. Zukunft und Vergangenheit verschmelzen zu einer düsteren Realität, die niemand für möglich gehalten hätte.

Plötzlich war alles im Osten Blau – Ein Zukunftsroman über das mögliche Schicksal Deutschlands und der Welt.

Die Bundestagswahl 2025 erschüttert die Republik. Das Land steht am Scheideweg: Wut, Proteste und politische Ohnmacht bestimmen den Alltag. Als die „blauen" im Osten triumphiert, beginnt ein unumkehrbarer Prozess. Ein Jahr später, am 4. Mai 2026, ist Deutschland nicht mehr das Land, das es einmal war. Die Gesellschaft ist gespalten, die Regierung schwach, das Vertrauen zerrüttet. Inmitten der brodelnden Unzufriedenheit entfaltet sich ein düsteres Szenario, das bislang nur als kühne Prophezeiung existierte.

Der Erzähler, Michael Gerber, erlebt hautnah, wie sich die politischen Fronten verhärten und die Straßen in Flammen stehen. Während die Bevölkerung mit Inflation, sozialem Zerfall und wachsender Unsicherheit kämpft, beginnt sich im Osten Deutschlands etwas Unerwartetes zu formieren: Ein Staat im Staat, angetrieben von Wut, Enttäuschung und dem Glauben an einen radikalen Neuanfang. Was mit Demonstrationen beginnt, eskaliert in einer politischen Revolution. Bürgermeister und Landräte wechseln in Massen die Seiten, die Regierung in Berlin steht einer Bewegung gegenüber, die sie nicht mehr aufhalten kann.

Dann folgt der entscheidende Bruch: Ein Attentat, das das Land endgültig ins Chaos stürzt. Während der Kanzler den Ausnahmezustand verhängt, beginnt sich der Osten offiziell vom Westen abzukapseln – mit Unterstützung aus dem Ausland. Die Grenzen schließen sich, neue Gesetze werden erlassen, eine „Deutsche-Föderalistische Republik" entsteht – mit eisernem Willen und ohne Rücksicht auf die Vergangenheit.

Deutschland ist wieder geteilt – und diesmal ist es kein Kalter Krieg, sondern eine Revolution aus dem Inneren. Während der Westen in Hilflosigkeit versinkt, marschieren im Osten neue Kräfte auf. Wer hat noch die Kontrolle? Wer wird Geschichte schreiben? Und welche alten Prophezeiungen haben sich hier erfüllt?

Plötzlich war alles im Osten Blau

ist ein erschreckend realistischer Zukunftsroman, der die Zerreißprobe Deutschlands mit ungeschönter Dramatik erzählt. Eine düstere Vision, die ebenso provozierend wie faszinierend ist – und vielleicht schon morgen Wirklichkeit werden könnte.

Soldatenzug - Gedanken zur ewigen Flucht - 1945 bis heute

Soldatenzug
- Gedanken zur ewigen Flucht-
1945 bis heute

Autor
Klaus Schubert

Buchbeschreibung

Vielleicht war es ein Wink des Schicksals, der mich dazu brachte, dieses Buch gerade jetzt zu schreiben.

25 Jahre lang lagen die alten Aufzeichnungen meiner Großmutter unbeachtet in meinem Haus. Staub hatte sich daraufgelegt, wie eine unsichtbare Last aus vergangenen Zeiten. Doch jetzt, als ich sie wieder in den Händen hielt, fühlte ich den Ruf der Vergangenheit. Ihre Worte, festgehalten in jener düsteren Zeit, erzählen von einer Flucht, die nicht nur ihre Familie, sondern eine ganze Generation geprägt hat.

Ein Buch über Flucht.

Ein Buch über Eisenbahnzüge – jene, die Menschen auf der Suche nach Sicherheit durch das Leben trugen, und jene, die unaufhaltsam in den Tod fuhren.

Die Schienen sind Zeugen, stumm und doch voller Geschichten. Geschichten von Hoffnung und Furcht, von Neubeginn und Endstation. Sie erzählen von überfüllten Waggons, in denen Leben zusammengepresst wurde, von den Schreien der Verzweiflung und dem leisen Takt der Räder, die unbarmherzig vorwärtsrollten.

In jedem Zug spiegelt sich ein Schicksal. In jedem Schicksal ein Kampf.

Dieses Buch ist eine Reise – durch die Tiefen der Menschheit, durch die Abgründe der Geschichte und durch die unauslöschbaren Narben, die Flucht und Vertreibung hinterlassen. Ein Buch, das nicht nur die Vergangenheit beleuchtet, sondern auch die Gegenwart in ein neues Licht rückt. Es mahnt, nicht zu vergessen. Es fordert, hinzusehen.

Am 20. Januar 1945 begann der Albtraum: Meine Großmutter wurde mit ihren vier kleinen Kindern aus ihrer Heimat in Oels, Schlesien, vertrieben. Es war Winter, minus 20 Grad, und ihr Mann war nicht bei ihr. Sie war allein – eine junge Mutter, die versuchte, ihre Kinder in Sicherheit zu bringen.

Ihre Erzählungen schildern die schreckliche Flucht in überfüllten Zügen – schwankende, eisige Waggons, in denen Hoffnung und Angst dicht nebeneinander saßen. Eine Fahrt in eine „neue Heimat", die nichts von einem Zufluchtsort hatte.

Niederbayern – ein Ort, der eher mit Ablehnung als mit Hoffnung verbunden war. Auf einem Schild, das sie damals sah, stand unmissverständlich:

Wir brauchen keine Flüchtlinge – geht woanders hin.

Diese Worte brannten sich in ihr Herz ein. Sie zeugen von einer Zeit, in der es keine Willkommenskultur gab, keine helfenden Hände, nur verschlossene Türen. Zwei Jahre lang war sie gezwungen, bei Bauern um Essen zu betteln, um ihre Kinder vor dem Verhungern zu bewahren.

Wie viel hat sich seither wirklich verändert?

Als Autor fühle ich mich verpflichtet, diese Geschichte zu erzählen – nicht nur als Erinnerung an meine Großmutter, sondern auch als Mahnung. Die Parallelen zur Flüchtlingskrise von 2015 drängen sich auf. Was war damals anders als heute? Haben wir wirklich aus der Geschichte gelernt, oder wiederholt sich das Muster von Ablehnung und Angst, nur in neuem Gewand?

Die Aufzeichnungen meiner Großmutter geben eine bewegende Antwort auf diese Fragen. Sie zeigen die ganze Tragödie von Flucht und Vertreibung, die bis heute nichts an ihrer Relevanz verloren hat. Die Worte einer jungen Mutter aus jener Zeit mahnen uns, innezuhalten und nachzudenken.

Das Buch ist jedoch mehr als nur eine Erzählung. Es lädt dazu ein, über die Hintergründe und Beweggründe von Flucht nachzudenken. Was bedeutete Flucht damals, und was bedeutet sie heute? Es stellt die Frage, wie sich die Umstände und Motive im Laufe der Zeit verändert haben und welche Parallelen es zwischen den Erfahrungen der Vergangenheit und der Gegenwart gibt. Auf diese Weise regt es zum Nachdenken an und eröffnet eine tiefere Perspektive auf ein zeitlos aktuelles Thema.

Im Paradies durch Staub und Schlamm: Meine eigene erlebte unglaubliche Geschichte einer neuen Geschäftsidee in Kroatien.

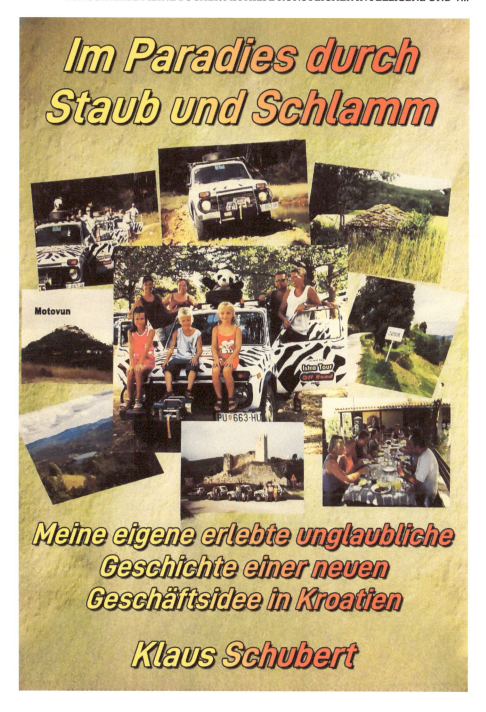

Buchbeschreibung:

Von der Idee bis zur Realität

Als ich mich im Jahr 2001 auf mein vierzigstes Lebensjahr zubewegte, spürte ich immer stärker, dass mich mein Alltag erdrückte. Jahr für Jahr wurde meine Umgebung langweiliger, farbloser, bedeutungsloser. Ich konnte nicht glauben, dass das alles gewesen sein sollte – da musste doch noch mehr sein!

Gab es nicht noch eine Steigerung, eine neue Herausforderung, ein Abenteuer, das auf mich wartete?

Ich wollte ausbrechen – raus aus diesem eintönigen Leben, das mir immer mehr zur Last wurde.

Im Job war ich zwar erfolgreich. Seit zwölf Jahren arbeitete ich im Außendienst einer namhaften Versicherung, doch selbst dieser Erfolg konnte mein inneres Feuer nicht mehr entfachen. Eine Frage ließ mich nicht mehr los:

„Nächstes Jahr werde ich 40. Und dann? Soll es das wirklich gewesen sein? Es ist an der Zeit, etwas Neues anzugehen – etwas Eigenes. Etwas, das so ganz anders ist als alles, was ich bisher erlebt habe."

Meine Frau und ich waren leidenschaftliche Camper und verbrachten unsere Urlaube seit Jahren in Istrien, Kroatien. Dort hatte ich einen Kroaten kennengelernt, der mit der Zeit ein enger Freund geworden war. Eines Tages, während eines unserer Gespräche, brachte er mich auf eine Idee, die mein Leben für immer verändern sollte:

„Wie wäre es, Offroad-Touren mit Geländewagen durch Istrien zu organisieren? Das wäre doch eine aufregende Geschäftsidee!"

Diese Vorstellung ließ mich nicht mehr los. Sie roch nach Abenteuer, nach einem vollkommen neuen Kapitel meines Lebens. Angesteckt von seiner Begeisterung, gab ich ihm das

Versprechen, diese Idee in die Tat umzusetzen. Doch während ich mein Wort hielt, ließ er mich im Stich. Aber dazu später mehr.

Damals hatte ich keine Ahnung, was auf mich zukommen würde. Rückblickend muss ich mir eingestehen, dass ich ziemlich naiv und ohne klaren Plan in dieses Abenteuer gestartet bin. Unser gemeinsames Versprechen, diesen Plan zu verwirklichen, zerbrach – und zwar einseitig.

Wir brachen unsere Zelte in Deutschland ab, und von diesem Moment an war ich auf mich allein gestellt. Zurück konnten wir nicht mehr so einfach. Sogar meine Frau, die mich zuvor unterstützt hatte, war zu Beginn dieses Unterfangens keine wirkliche Hilfe. Meine vertraute Welt, inklusive der idyllischen Camper-Träume in Kroatien, war von einem Tag auf den anderen nicht mehr als eine verblasste Erinnerung.

Die Jahre, die folgten, veränderten mein Leben grundlegend. Meine Geschäftsidee, in Kroatien eine Firma für Offroad-Geländetouren aufzubauen, stellte sich als weitaus schwieriger heraus, als ich es mir je hätte ausmalen können.

Mein Buch erzählt von den Jahren 2002 bis Anfang 2008 – von einem deutschen Pionier, der eine großartige Idee in die Realität umsetzen wollte, und vom bitteren Ende dieser Firma. Es ist die Geschichte von einem Mann, der an der kroatischen Bürokratie, kulturellen Missverständnissen und persönlichen Schicksalsschlägen zu wachsen und zu scheitern versuchte.

Die Leser tauchen ein in das wahre Leben hinter den Kulissen: die bürokratischen Hürden eines Landes, das damals noch kein EU-Mitglied war, die völlig andersartige Mentalität und Denkweise der Kroaten – Dinge, die ein Urlauber nie zu sehen bekommt.

Doch es geht um mehr als nur die beruflichen Herausforderungen:

Glück, Neid, die vermeintlich große Liebe, Fremdgehen, Geldgier, Erfolg, Misserfolge, Verrat, Verzicht, Staub und Schlamm, fünf Todesfälle.

Das alles sind die Kapitel meines Lebens, die ich in meinem Buch offenlege – eine wahre Geschichte, die in den Orten Poreč, Vrsar und Funtana spielt. Die kroatischen Personen, die in meinem Buch vorkommen, wurden aus Gründen der Diskretion namentlich geändert.

Es ist die Geschichte eines Traums, der an der Realität gemessen wurde. Eine Geschichte von Mut, Verlust und der Erkenntnis, dass nicht alle Abenteuer gut enden – aber jedes Abenteuer uns verändert.

Prophezeiungen über
unsere Zukunft.: Da kommt
was auf uns zu …….

Buchbeschreibung:

Die Zeit schreitet unaufhaltsam voran, und wir alle sind Reisende in ihrem endlosen Strom. Wenn es wirklich Menschen mit dem sogenannten „zweiten Gesicht" gibt – Menschen, die einen Blick in die Zukunft werfen können – dann sollten Sie dieses Buch unbedingt lesen. Es könnte Antworten auf Fragen enthalten, die tief in Ihnen schlummern, Fragen, die Sie sich vielleicht noch nie zu stellen gewagt haben.

Alle meine Bücher findest du auch auf meiner Autorenseite bei Amazon:

Klaus Schubert

amazon.com/author/k.schubert-naila